AU CORPS LÉGISLATIF DE FRANCE.

OFFRANDE d'un ouvrage sur les finances et le commerce.

EXPLICATION demandée sur l'extension donnée par l'administration des postes aux deux loix des 19 fructidor et 9 vendémiaire derniers.

PÉTITION à l'effet d'obtenir une institution nationale pour l'éducation des enfans de députés, de directeurs, de ministres, d'ambassadeurs et de généraux des diverses armées de terre et de mer.

Trois objets qui regardent les comités de Finances, de législation, et d'Instruction publique.

CITOYENS REPRÉSENTANS,

Voici ci-joints deux exemplaires des deux premiers volumes de mon *Essai sur la régénération des finances et du commerce de France*, dont je vous ai fait passer le troisième cahier, au nombre de vingt-cinq exemplaires, le 1er. brumaire dernier.

Cet ouvrage, quoiqu'il paraisse dirigé pour l'an VI de la république seulement, est et sera applicable à ses années postérieures, quelle que soit sa durée, et même à tous

A

autres gouvernemens dont les chefs auront pour règle la probité, l'ordre et la liberté ; sauf les modifications qu'indiqueront facilement les circonstances et la raison d'état du lieu où on l'appliquera ; car il est un *résultat et répertoire des principes certains et reconnus en tous pays de la finance suprême et de tout commerce national.*

J'en suspends ici la continuation, d'après les raisons que vous trouverez consignées dans la copie incluse de la lettre que j'écrivis, le 18 brumaire dernier, au citoyen Ramel ministre des finances. Ce ministre, qui depuis longtems a fait ses preuves de patriotisme et de talens, est tellement surchargé d'affaires en ce moment, qu'il n'a pu répondre encore à celle qui m'intéresse : mais comme elle intéresse non moins particulièrement l'honneur du corps législatif, celui du directoire exécutif et le succès de la révolution, je viens vous prier, soit de suppléer ce dépositaire de l'autorité, par une *explication*, soit de lui faire enjoindre de répondre à ma *réclamation*, dans le cas où il n'y aurait pas lieu de votre part *à l'interprétation des loix des 19 fructidor et 9 vendémiaire derniers*, par rapport à *l'extension* que l'administration des postes leur a donnée.

Mon zèle pour votre gloire, et notamment pour le succès de la journée du 18 fructidor à laquelle tiennent les destinées françaises, me porte à vous ouvrir, indépendamment de beaucoup de ressources en finances, un moyen propre à hâter la grande régénération que cette utile journée n'a fait encore qu'ébaucher.

En ce moment les français en reviennent généralement à cette idée, *qu'il leur faut un gouvernement, et que ce n'est plus le tems d'examiner si c'est une république constitutionnelle qui leur convient.* Déjà même les ennemis de cette espèce de gouvernement cessent d'accuser le 18.

fructidor d'avoir paralysé le commerce et l'industrie : *il faut marcher*, disent-ils, c'est ce qu'on a de mieux à faire. Profitez donc, vous-mêmes, représentans, de cette heureuse disposition des esprits ; et pour ne pas la laisser échapper, sachez marcher, s'il le faut, un peu obliquement.

Je vous propose l'établissement d'une maison nationale d'éducation pour les enfans de ceux qui ont été, sont ou auront été députés, directeurs, ministres, ambassadeurs, ou généraux des armées de terre et de mer depuis la mise en activité de la constitution française, et qui se sont ou se seront maintenus avec honneur dans ces postes éminens.

Ce projet est fondé snr ce que les citoyens français appelés à ces diverses fonctions et dignités sont à jamais exclusivement consacrés à la nation, et ne peuvent pourvoir eux-mêmes à l'éducation de leurs enfans d'une manière proportionnée à l'élévation des sentimens de leurs pères, privation, quoiqu'on en puisse dire, qui ne peut être rachetée par des indemnités en argent ou par des dignités.

Cet établissement, j'en conviens, fera crier d'abord contre le renversement de l'égalité ; mais les principes qu'on y professera, et qui seront exactement analysés et publiés chaque mois ou répertoriés chaque année, désabuseront incessamment les citoyens alarmés qui les verront tendre au contraire directement à ramener en France la véritable égalité, base essentielle de la constitution que les français ont acceptée : eh ! quel plus fort garant de cette égalité, que la réunion d'une jeunesse ardente et désintéressée dans un même centre d'éducation qui formera le lien naturel et politique de la liberté ?

Une telle institution après tout est le seul moyen qu'ait le corps législatif pour introduire dans la nation l'esprit

(4)

d'application et de sagesse qui doit succéder à celui de la frivolité et de la folie ; elle est le seul guide qui puisse amener peu-à-peu tous les esprits aux vrais principes de la révolution par la voie naturelle de l'imitation. En effet, vit-on jamais le riche se modeler sur le pauvre, l'homme en place imiter le simple particulier ? Qu'attendre donc de tant de beaux projets d'éducation nationale qui commencent par où l'on doit finir, c'est-à-dire, en élevant les enfans des petits de la même manière qu'on doit élever les enfans des grands ?

Ah ! les grands d'une république ! eh ! oui, sans doute, les grands. La république d'Athènes eût-elle jamais produit de grandes choses, si elle n'eût élevé que des petits, dont l'ame n'y est pas toujours propre ? Ce ne sont pas les grands d'une république, qui sont dangereux à la liberté ; ce sont leurs défauts que le peuple imite, ou pour lesquels il se passionne aussi bien que pour leurs vertus. Eh bien ! pour se garantir des vices qui sont le propre des dignités, l'on n'a qu'à lire souvent, dans les caractères de Théophraste, celui des grands d'une république.

Représentans, les généraux français ont formé des soldats ; vous avez à former aujourd'hui des citoyens, dont le nombre assurément, doit surpasser en importance, celui des preux de nos armées. Sans cela, ce serait assimiler les citoyens français, aux esclaves qu'Athênes même et Lacédémone abrutissaient, pour en former les nourriciers des ambitieux, qui dirigeaient les opérations militaires dans ces républiques ; et certes on ne s'avisera jamais de vous supposer cette criminelle intention.

Or, pensez bien que vous ne pouvez parvenir à élever l'ame des citoyens, qu'en leur laissant suivre d'abord la loi commune de l'imitation des grands du moment, en matière d'éducation ; qu'en formant en conséquence, un principal établissement central de la nature de celui proposé, sur lequel se formeront et modéleront d'eux-mêmes d'autres établissemens généraux ou particuliers dans les départemens.

Il n'est pas besoin, je crois, de vous dire ici, citoyens représentans, que les parties de la haute finance et du commerce national, aussi bien que de la philosophie morale et politique, dont la réunion seule peut former de vrais hommes d'état, doivent avoir chacune une classe dans cette institution ; du moins la certitude que j'en ai m'engage à vous offrir, ainsi qu'au directoire, mes services à l'égard de la première de ces parties qui m'est propre : mais je dois, en vous faisant cette offre particulière, vous déclarer que personne au monde n'est moins parleur et moins éloquent que moi, ma pente naturelle à la distraction me rendant, de ce seul fait, inhabile à acquérir l'avantage de l'élocution ; et que le même auteur qui vous présente aujourd'hui des principes de finances mûris et garantis par l'expérience, sans hésiter en écrivant, est celui qui doute le plus et cherche d'avantage en parlant.

En revanche, j'ai toujours éprouvé, quand je me suis mêlé d'enseigner, que mes doutes mêmes et mes anoneries ne contribuaient pas peu à aider et développer le jugement des élèves que j'ai entrepris de former, enfin à hâter leurs succès ; tant il est vrai, comme l'a pensé J. J. Rousseau, que s'il y a au monde tant d'ignorans, c'est que la plupart des instituteurs sont trop savans, ou du moins veulent trop le paraître.

Au surplus, il est un point où tout instituteur doit nécessairement s'arrêter, s'il veut mettre son élève à portée de garder les fruits de ses leçons ; et ce point, c'est la vérité, l'utilité. Pour l'atteindre, j'ai remonté, je pense, aussi loin que j'ai dû le faire en commençant, et j'ai parcouru autant de chemin qu'il était d'abord nécessaire. D'où suit que ce qui déborde la carte que j'ai tracée, ne doit être, pour celui qui veut voir clair un jour à travers les murailles épaisses de la finance, que fables et frivolités. Plutarque, en commençant son histoire des Hommes Illustres, par Thésée, dit, dans le même dessein : « Ce qui » est auparavant n'est plus que fiction étrange, et l'on » n'y trouve que fables monstrueuses que les poëtes ont » controuvées, et où il n'y a ni certaineté ni apparence » de vérité. »

(Traduction de Jacques Amyot.)
Salut et respect.
R E Y S.

Paris, 1er. frimaire, 6e. année républicaine.

Le citoyen REYS au citoyen RAMEL, ministre des finances de la république française, contre l'extension donnée par l'administration des postes, aux loix des 19 fructidor et 9 vendémiaire derniers, par rapport aux ouvrages de génie, et à l'envoi de leurs prospectus dans les départemens.

CITOYEN MINISTRE,

Au nom de la loi et de l'intérêt du fisc, je vous dénonce un abus, qui, d'une part, ne tend pas à moins qu'à ramener, au sein de ma patrie, le vandalisme, ami de l'esclavage et de la tyrannie, et qui, d'autre part, produira de plus en plus le marasme dans le trésor public.

Le citoyen Saint-Aubin a dit, à la suite de la lettre que vous venez d'écrire aux commissaires de la trésorerie, concernant l'admission, comme numéraire, d'un tiers des

rescriptions admissibles en paiement d'acquisition de do-
maines nationaux contre les inscriptions : « Une loi de
» finances, *même mauvaise*, n'est presque jamais rappor-
» tée, ni même modifiée, sans danger pour le crédit pu-
» blic, auquel la plupart de ces loix sont intimément
» liées. »

Ce principe peut être bon, lorsqu'il s'agit d'une loi de
finances qui devient un engagement réciproque pris, au
nom de la nation, de la part de ceux qui sont légiti-
timement appellés à la gouverner; car dans ce cas quelle
confiance mériteraient les engagemens du gouvernement,
et comment pourrait-il exiger des citoyens de la fidélité
par rapport aux engagemens contractés, s'il pouvait, ou
s'il se permettait de violer le premier les siens ? Mais il
est *aussi faux que dangereux*, lorsqu'il s'agit d'un impôt onéreux à la nation; et dans ce cas, la versatilité
même, bien qu'elle annonce une maladie de jugement ou
un défaut de lumières de la part de ceux qui y ont donné
lieu, devient un devoir commandé par la nécessité. Pour
prouver la solidité de cette réfutation du principe général
de finances profesé par le citoyen Saint-Aubin, je n'au-
rais qu'à renvoyer à l'histoire entière des finances depuis
et même avant la révolution de France; mais il n'est point
ici question d'une loi à rapporter ou à modifier.

Il est question d'une *bonne* loi financière faussement
interprétée et faussement appliquée, dont vous pouvez,
dont vous devez rétablir le vrai sens et arrêter la fausse
application.

La loi du 9 vendémiaire an VI, titre III, article LVI,
en ce qui concerne l'impôt du timbre, dit: » Les lettres
» de voitures, les connaissemens, charte-parties et polices
» d'assurance, les cartes à jouer, les *journaux*, *gazettes*,
» *feuilles périodiques ou papiers-nouvelles*, les feuilles de

» papier-musique, toutes les *affiches* autres que celles
» d'actes émanés d'autorité publique, quels que soient leur
» nature ou leur objet, seront assujettis au timbre fixe
» ou de dimension. »

Les quatre premiers objets sur lesquels porte cette loi,
sont, comme l'on sait, des écrits préparés en blanc, que
chaque marchand, commissionnaire ou négociant, a l'usage
d'acheter imprimés pour s'en servir au besoin, et il ne
saurait lui être fort onéreux ou gênant, de se les pro-
curer timbrés. D'ailleurs, les quatre pièces désignées,
sont, dans le commerce, des pièces authentiques, trans-
portables au loin et ostensibles ; elles ont donc besoin d'être
revêtues d'une marque nationale, qui fasse au besoin re-
monter à leur source, et indique leur objet ; ce qui est
bien différent, lorsqu'il ne s'agit que de mémoire ou
quittance ordinaires pour opérations journalières ou con-
sommées. Ici, il y aurait vexation du commerce et occa-
sion fournie à maléfice, si l'on pouvait conserver un tel
impôt, au lieu que celui établi par la loi du 9 vendémiaire dernier, est une source d'ordre et de prospérité.

Quant au cinquième objet, sur lequel frappe la loi,
elle porte avec soi sa justification, si elle contribue à
détourner du jeu. Par le neuvième, elle tend avec raison
à arrêter imperceptiblement dans sa source, ce goût ef-
féminé, introduit dans la musique française, depuis l'excès
de corruption et de frivolité, où l'esprit d'imitation des
cours étrangères nous avait plongés, et à ramener enfin
dans la France, la musique mâle, simple et harmo-
nieuse, qui devint long-tems à Lacédémone, un art
d'utilité autant que d'agrément. Mais sur-tout les sixième,
septième, huitième et dixième objets, auxquels la loi
s'étend, annoncent dans nos législateurs, un art de législation, digne de celui du législateur Solon.

La voilà donc trouvée, cette loi, si long-tems attendue et toujours si vainement cherchée, contre l'abus de la liberté de la presse ! abus qui mit déjà plusieurs fois la république française, à deux doigts de sa perte !..... Que dis-je ? Ce ne serait l'avoir trouvée qu'à demi, si nos législateurs s'étaient bornés à contenir les turbulens et mal intentionnés, par leur propre intérêt ; car le ministère anglais sait acheter à tout prix, de quoi répandre par-tout le fiel et la division ; aussi la loi du 19 fructidor an V, avait-elle pourvu à l'avance, à ce qui manque à celle-ci ; cette loi, article 35, s'exprime ainsi : » *Les jour-* » *naux, les autres feuilles périodiques* et les presses qui » les impriment, sont mis, pendant un an, *sous l'ins-* » *pection de la police*, qui pourra les prohiber, aux » termes de l'article 355 de l'acte constitutionnel. «

Si j'avais à justifier cette double mesure, je ne le ferais pas seulement, en m'appuyant de la force des circonstances, mais encore en donnant de l'extension à une pensée de Montaigne, que je ne fais ici que rapporter textuellement. » Il devrait y avoir, dit cet ai- » mable réformateur, quelque correction des lois, contre » les écrivains *ineptes et inutiles*, comme il y en a » contre les vagabonds et fainéans. On bannirait des mains » de notre peuple, et moi et cent autres. Ce n'est pas » mocquerie ; l'escrivaillerie semble être quelque symp- » tôme d'un siècle débordé. Quand écrivîmes-nous tant » que depuis que nous sommes en trouble ? Quand les » romains écrivirent-ils tant, que lors de leur ruine ? «

Mais en même tems que Montaigne indique le remède, il pose le point où l'excès du remède serait plus dangereux que le mal même ; et ce point, c'est celui où la loi apporterait les mêmes obstacles à la publication des ouvrages *utiles et scientifiques*, mûrement travaillés et réfléchis, qu'aux ouvrages ineptes et inutiles.

Or ce point, les lois sages, concernant le timbre et la censure, l'ont également prévu ; la première dit, article LVII du titre III, relatif au timbre : » Sont ex-» ceptés les ouvrages périodiques, relatifs aux sciences » et arts, ne paraissant qu'une fois par mois, et con-» tenant au moins deux feuilles d'impression » ; et la seconde, article XXXV, ne met sous l'inspection de la police que les *journaux*, les autres *feuilles* périodiques et les presses qui les impriment. Voici, ci-jointes, les deux lois à l'appui de mon assertion, telles que je me les suis procurées au dépôt des lois.

Cependant, par une extension ou interprétation de la loi, aussi onéreuse à la nation et au gouvernement, qu'absurde, l'administration des postes a arrêté QUANT AUX OUVRAGES PÉRIODIQUES MENSÉAUX, RE-LATIFS AUX SCIENCES ET ARTS, EXCEPTÉS DE L'IM-PÔT, l'effet des dispositions favorables d'exception en leur faveur ; et aujourd'hui, parce qu'il est dit dans la loi du timbre, que les affiches y seront assujetties, elle s'obstine à considérer les PROSPECTUS comme des affiches, et refuse en conséquence de les expédier dans l'intérieur de la république, s'ils ne sont timbrés ; sans apporter même dans son interprétation fallacieuse, au-cune différence entre les prospectus d'ouvrages éphé-mères, sujets au timbre, et ceux des ouvrages qui en sont exemptés, quoique les prospectus de ceux-ci soient l'ACCESSOIRE du principal, dont l'avantage devient de ce seul fait, un AVANTAGE ILLUSOIRE ; puisque, sans de nombreux envois de prospectus, aucun de ces ou-vrages ne saurait être connu.

Ainsi la loi permet et encourage même, par une ex-ception particulière, les ouvrages périodiques, relatifs aux sciences et aux arts suffisamment médités ; afin, n'en doutons pas , de faire éclore en France , les riches produits du génie , de la raison et de la philosophie ; mais l'administration des postes a trouvé bon , dans sa sagesse , de prohiber ceux-ci , à la source même de leur introduction dans le sein de la grande nation , apparemment pour opposer une digue insurmontable , au torrent de lumières et de vérités qui serait prêt , sans elle , à se déborder majestueusement dans les plaines intérieures et lointaines , dont jusqu'ici les factions du dedans et les armées coalisées avaient défendu l'entrée ! Est-il donc vrai qu'il existe une guerre ouverte entre les savans qui ne veulent pas s'occuper des finances , et les financiers qui ne veulent pas s'occuper d'autres sciences que celle qui traite de l'argent ?

Ce n'est pas tout : l'administration des postes exige , avant de faire partir , et les ouvrages et les prospectus , *nuls exceptés* , pour les départemens , qu'ils aient passé à la censure de la police , et qu'ils soient accompagnés d'une permission d'expédier , délivrée expressément , malgré que la loi déjà citée , du 15 fructidor , n'impose cette obligation qu'aux journaux et autres feuilles périodiques , et que celle du 9 vendémiaire , ait mis littéralement ceux périodiques menséaux de deux feuilles d'impression , relatifs aux sciences et arts , au nombre de ceux que cette loi ne peut atteindre.

Ceci suffit , je crois , pour prouver que l'extension ou interprétation , donnée par l'administration des postes aux deux lois des 9 fructidor , an V, et 9 vendémiaire , an VI, par rapport aux ouvrages textuellement exceptés des formalités et impôt , auxquels sont sujets les journaux et autres feuilles périodiques , est directement contraire à la lettre de ces deux lois , et à leur esprit qui ne laissait à cet égard , aucune équivoque , aucune matière à interprétation , tant par rapport aux ouvrages exceptés , que par rapport à leurs accessoires ou annonces , qui sont leurs prospectus. Mais je dois encore , en ma qualité de citoyen , quoique nullement intéressé dans la question que je vais traiter ; *je dois , dis-je , vous démontrer que l'interprétation de l'administration des postes est directement contraire à la loi et à l'intérêt du fisc , quand cette administration refuse d'expédier les prospectus , même des ouvrages périodiques sujets au timbre , s'ils ne sont timbrés.*

Elle est contraire à la loi :

1°. En ce que la loi n'a point exprimé les mots *prospectus , programmes* ou autres , dont se sert la librairie pour annoncer et étendre au loin , les productions du génie ;

2°. En ce que le mot *affiche* , dont la loi fait mention , si toutes fois il peut m'être permis , aussi bien qu'à l'administration des postes, de l'interpréter , ne s'entend que des placards divers , appliqués sur les murs , afin d'économiser , par leur moyen , les frais d'envoi et de distribution , soit par la grande poste , soit par des exprès , ou d'écrire au public , sans distinction de personnes ; ce qui trop souvent ressemble à un acte de sédition , plutôt qu'à une correspondance réglée

Mais comment la loi entendrait-elle frapper aussi de l'impôt du timbre , les prospectus de tel ouvrage , de telle entreprise de commerce ou d'industrie que ce soit ? Sont-ils autre chose qu'une *lettre circulaire* non cachetée , que l'auteur ou l'entrepreneur fait tenir par la poste , à ses correspondans , ou aux adresses que ses amis lui ont fournies , pour la prospérité de son ouvrage ou entreprise , en en payant le port exactement ? Or , est-il une loi qui porte expressément qu'on n'écrira à l'avenir ses lettres que sur papier timbré ? Voilà pourtant comment de *bonnes lois*, en recevant de fausses applications, finissent par être révoquées, et tourner à la honte de ceux qui les ont faites, tandis qu'elles auraient dû les couvrir de gloire.

Il est vrai que la loi dont je parle, frappe de l'impôt du timbre, les feuilles périodiques éphémères et les journaux, qui sont bien aussi des lettres de nouvelles qu'écrivent les journalistes à leurs correspondans : mais pourquoi les frappe-t-elle ? Ce n'est pas, comme on le croit généralement, parce que dans l'embarras des finances, on frappe partout ; car cet embarras n'est point et ne sera jamais assez grand pour frapper, en quelque part que ce soit, sans discernement ; mais c'est parce que presque tous les écrivains en ce genre, font métier de brouiller les affaires, pour gagner plus d'argent et piquer la curiosité ; c'est enfin parce qu'ils ont l'obstination de se mêler toujours de ce dont ils n'ont que faire, en s'écartant de leurs fonctions, qui les appellent uniquement à retracer fidèlement à l'histoire la vérité, et au siècle présent l'opinion publique du moment et les améliorations ou corrections qui se présentent à faire : or, il faut bien leur faire payer l'amende pour ce petit débordement, comme à ceux qui l'aiment ainsi, dans la lecture qu'ils en font ; il faut bien empêcher encore que le dérèglement de leur cerveau ne fasse naître au sein de la nation de fausses idées, telles que les faux préjugés anciens, aujourd'hui même si difficiles à extirper.

Il ne se suit donc pas de cela, que le contre-poison soit, de par la loi, prohibé comme le poison ; et si même les prospectus des bons ouvrages, rédigés dans de bonnes intentions, se trouvent par hazard insérés dans quelques feuilles périodiques empoisonnées, pourquoi empêcherait-

on une insertion qui ne peut avoir que des effets ex-
cellens contre la contagion ? Voilà le sens moral de la
loi du timbre , par rapport à la presse. Si le gouvernement pouvait toujours compter sur la justesse d'esprit
et droiture d'intention de ceux qui y sont assujettis ,
ce serait une loi contraire à la liberté , à l'ordre même,
et à l'extension de la vérité ; une loi enfin , qu'il fau-
drait rapporter, quel que soit l'avantage fiscal qu'on en
pourrait tirer ; mais aujourd'hui elle soumet exactement
à la marque et au contrôle , les cerveaux pleins ou creux ,
comme les pièces d'orfévrerie : c'est le moyen d'épurer
le commerce des pensées , et de l'accroître à l'avantage
des français , dans la balance littéraire des destinées du
monde entier.

Et pour cela il ne faut pas resserrer jusqu'à l'excès
les ressorts des imaginations ardentes et du fervent patriotisme. Pourquoi empêcher , par exemple, l'établissement
de nouveaux papiers - nouvelles ou journaux qui seraient
entrepris dans de bonnes intentions, pourvu que leurs
auteurs se soumettent aux loix d'ordre qui assujétissent
ces sortes d'ouvrages ? Il ne faut pas, en les écartant
trop rudement lors de leur entrée dans le monde littéraire, créer une nouvelle aristocratie des journaux existans
actuellement ; aristocratie qui pourrait jouer plus d'un
tour au gouvernement et à la nation. C'est cependant
ce qui arriverait, si on ne laissait plus échapper à l'avenir d'autre génie léger que celui qui voltige en ce moment dans Paris et les départemens, et c'est ce que produira l'administration des postes, du droit qu'elle s'est
arrogé d'interpréter les loix, si l'on n'y met ordre aussi-
tôt ; car est-il un auteur qui pourrait risquer une entreprise semblable, s'il fallait qu'il commençât à débourser
trois mille francs de timbre pour la faire connaître am-

plement ? Au surplus je suis aussi très-porté à excuser l'extension ou l'interprétation dont il est ici question de la part de cette administration ; elle a pris sa source, je n'en doute pas, dans son zèle pour l'accroissement des revenus du fisc, et c'est aussi cette patriotique pensée qui aura détourné bien des citoyens patriotes qui s'en trouvent lésés, de faire à cet égard les réclamations que leur prescrivent leurs intérêts.

Mais ce zèle même est un faux zèle fiscal. Une simple réflexion suffit pour le prouver. Si le trésor public doit toucher chaque jour un produit assez conséquent de chaque feuille périodique, il est de son intérêt de laisser celles-ci se multiplier. Or comment espérer cette multiplication, si les prospectus de celles à établir ne peúvent être envoyés sans ruiner à l'avance les auteurs qu'il est de son avantage d'encourager ? Je m'abstiendrai de parler ici de la fraude et des contrefactions que produiraient à la fin de pareilles extensions ; de la corruption, par conséquent, qui en résulterait bientôt parmi ceux qui écrivent chaque jour à la nation, parce que je crois avoir suffisamment démontré leur abus, et je ramenerai la question à l'intérêt personnel que j'y ai.

Je suis, citoyen ministre, auteur d'un ouvrage que j'ai adressé au corps législatif et dont il a daigné agréer l'hommage en le renvoyant à ses commissions de finances ; il est le fruit de travaux longs, pénibles et assidus, qui ont eu pour but d'étendre en France l'art supérieur et la haute science de la finance suprême et du commerce national dans toute république gouvernée constitutionnellement, autant que de tirer celle française, pendant cette année, du chaos où elle se trouve par rapport à cette branche rebutante et rebutée de son administration. Je sais qu'annoncer un ouvrage ainsi, c'est s'y prendre adroitement pour détourner de sa lecture tout homme ordinaire; car le mérite médiocre permet-il jamais de penser qu'on puisse apprendre de qui que ce soit? Aussi l'ai-je intitulé: *Essai*. Mais avec vous, citoyen ministre, qui êtes capable de digérer et l'ouvrage même et le style cru de la philosophie , je le donne pour ce qu'il est, sans craindre de blesser votre amour-propre. En voici le prospectus.

Cependant vous appercevez déjà qu'il s'agit ici d'un de ces ouvrages dont l'extension est d'autant plus difficile que sa lecture exige plus d'application et de fréquens intervalles pour donner à la pensée le tems d'y pénétrer et de se renouveller avec succès. Ce n'est guères, par conséquent, un ouvrage propre à tous les français ; mais enfin s'il est utile, il doit être étendu *même par l'impulsion particulière du gouvernement intéressé à la lui donner*; chaque année arrivent au corps législatif de nouveaux représentans, et il est nécessaire, comme on ne l'a que trop vu par les principes irréguliers qu'apporta au sein de la législation une partie du dernier tiers; il est nécessaire, dis-je, qu'à jamais chacun de ses membres soit imbu, en y arrivant, de principes uniformes et éternels dont l'effet soit d'assurer l'esprit public et la régénération produite par la révolution. Au reste, il ne s'agit encore ici que de principes de finances et de commerce; mais du moins je crois qu'on peut les critiquer plus facilement que m'empêcher de les défendre et maintenir Or, prenez garde que ce n'est pas chose commune que tels principes, car s'il faut en croire M. Necker dans son livre de l'administration des finances, publié en 1784, il en a cherché vainement par-tout, et n'en a jamais trouvé, du moins d'assez liés et conséquens, pour pouvoir lui servir de règle dans ses opérations. Je soumets ceux-ci à la rectitude de son jugement, ou plutôt à sa critique, malgré la différence de nos opinions en politique et quelquefois en finances. Pourrez-vous dédaigner, citoyen ministre, de les faire aussi examiner, quand je vous enverrai *les deux premiers volumes* de l'ouvrage qui les contient en grande partie, quoiqu'ils manquent des applications et des développemens qui doivent se trouver dans les volumes suivans?

En attendant, il résulte de mon exposé deux questions, dont voici la première : L'ouvrage dont il est parlé peut-il être considéré comme *périodique*, même quand je le livrerais par décades, ainsi que j'avais commencé à le faire avant la publication de la loi du timbre, dans l'intention unique de mettre les lecteurs à portée d'en recueillir mieux les fruits? C'est un ouvrage consommé et nullement dépendant des périodes des tems, mais que je livre par parties, comme les auteurs de l'Encyclopédie, parçe que d'ailleurs ma fortune ne me permet point de risquer de plus fortes avances pour le livrer entièrement.

La seconde question à examiner, (car celle du timbre des prospectus, j'ose le croire, n'en fait plus une,) c'est de savoir, si, dans le cas où je livrerais mon ouvrage par décade, il serait assujetti à la censure en vertu de la loi du 19 fructidor ; et si pour lors cet ouvrage *de finances* aurait pour censeur le ministre de *la police*, ou vous-même, citoyen ministre, qui paraissez le censeur naturel en la matière qu'il traite?

Or remarquez, citoyen ministre, que je n'élève ces deux questions que dans le cas où la publication de mon ouvrage aurait lieu par décades, car si elle continue à se faire par mois, ainsi que je m'y suis déterminé sitôt la publication de la loi du 9 vendémiaire dernier, alors la loi est claire, et mon ouvrage, ainsi que son prospectus, ne sont sujets à aucunes formalités; seulement je vous demanderai UN ORDRE POUR L'ADMINISTRATION DES POSTES, portant qu'elle ait à expédier, sans censure et sans timbre, mon ouvrage et ses prospectus, en vertu des lois *du 19 fructidor, et 9 vendémiaire derniers qui les exceptent;* ordre que ces lois vous prescrivent de délivrer, sauf à vous entendre, pour la partie de la censure, avec votre collègue le ministre de la police.

Je regrette que ma lettre soit devenue aussi longue; mais vous savez qu'il faut plus de mots pour démontrer et extirper les abus, sur-tout lorsqu'ils sont encore cachés sous une clef d'or, que pour créer de bonnes lois.

Salut et respect,

REYS,

Au Palais égalité, gallerie de pierres, n°. 124, côté Valois.

Paris, 18 brumaire, VIe. année républicaine.

De l'imprimerie de la rue Cassette, N°. 913.

13